Dirk Otto Lehmann

Die Zeit hat ihre Zeit in der Zeit

Prosa und Lyrik mit 28 begleitenden Karikaturen, Zeichnungen und Bildern

AF191531

Dirk Otto Lehmann

Die Zeit hat ihre Zeit in der Zeit

zwischen Witz und Wahn

in Wort und Bild

Impressum

Bibliografische Information der Deutschen Nationalbibliothek:
Die Deutsche Nationalbibliothek verzeichnet diese Publikation in der Deutschen Nationalbibliografie; detaillierte bibliografische Daten sind im Internet über http://dnb.dnb.de abrufbar.

© 2023 Dirk Otto Lehmann

Texte und Bilder: Dirk Otto Lehmann

Lektorat und Buchgestaltung: Sandra Honnef
Titelbild: Dirk Otto Lehmann

Herausgeberin: Bettina Lehmann

Herstellung und Verlag: BoD – Books on Demand, Norderstedt

ISBN: 9783758302015

Vorwort

Gerne schreibe ich manchmal auf, was mir ohne formuliert zu sein, nicht durchschaubar erscheint. So wie auch in den letzten 15 Jahren, in denen sich die Inhalte des kleinen Buches widerspiegeln. Es dauerte einige Zeit, bis ich den Haufen Blätter durchforstet und das Zeitdokumentarische von allen anderen Formen meiner Texte getrennt hatte.

Gerade das Zeitdokumentarische mit eigenen Worten zu begleiten, ist schon eine Herausforderung für mich, weil die Sprache unserer Arbeitgeber, Geldgeber, Banken, Meinungsmacher, Institute nicht die Sprache gleicher Augenhöhe ist. Da Kultur keine Ware ist, bin ich einer der mitverantwortlichen Gestalter, der mit seinen kreativen Mitteln arbeitet. Dieses kleine Buch soll anregen, eigene Worte, Formulierungen zu nutzen, die Kunst der Kultur zuzuführen. So habe ich mich bemüht, mit meinen kleinen Karikaturen und Bildern die teilweise kabarettistischen Texte und Verse zu begleiten. Auf diese Art und Weise ist es zu dem vorliegenden Buch gekommen.

Texte und Zeichnungen in Humor und Ernst entstanden im heutigen Zeitgeist.

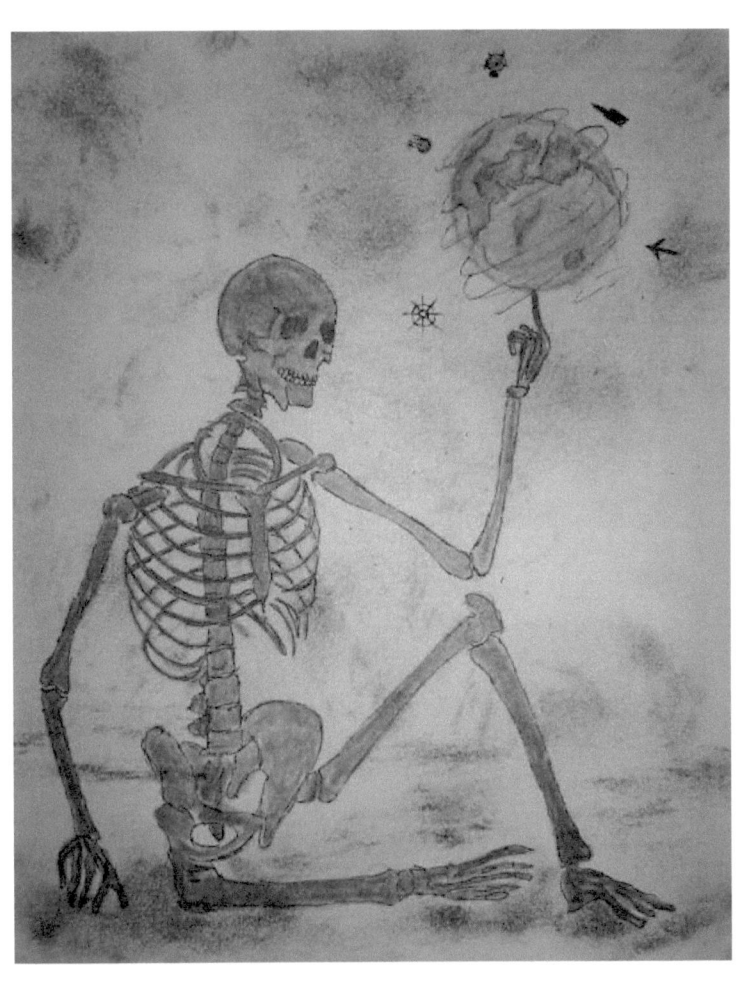

Auswendig

Auswendig kennt jeder
die tägliche Übung des Überlebens.
Das, was das Leben hier ausmacht
zwischen dem Ich, dem Du, dem Wir.

Inwendig bleibt das Leben
eine ständige Übung.
Bei Tag, bei Nacht,
im Licht, im Schatten,
im Wachen, im Traum.

So ein Gedanke über die Kunst

Immer so weiterschreiben, über all das Vermisste, die Fabel über Was-wäre-wenn, eine Gesellschaftskritik im Konjunktiv, eine verlogene Beratung, einen unglaubwürdigen Roman, einen glaubwürdigen Roman, über diese ständig nervenden Kinder, Männer und Frauen, Missbrauch, über Seelsorge, über Krieg, über Frieden, über Macht und Religion, über die richtige Ernährung von Hunden, über Kanonenfutter, über Preußen, über Aufzucht von Klonen, über Herrn Pfarrer, über Ölmeere, über Wassermeere, über Autoachsen, über böse Achsen, über das Militär, über Faschismus, über die richtige Zusammensetzung von Bircher-Müsli, über das Programmieren, über die Kalligraphie, über das Schreiben, über das Lachen, über das Leiden, über die Liebe, über Kitsch, über Straßenkinder, über Prostitution, über Rasenpflege, über alles Wichtige, über alles Unwichtige, über alles Gewichtige, über die Aufhebung der Gravitation, über die Möglichkeiten einfach leben zu können, über den Wahnsinn, über die Seele,

über die unzähligen Facetten des Inneren, über
neue Gefilde, über das Entrinnen in Zwischen-
welten des Geistes, wie sie nur entstehen kön-
nen, wenn der Geist innehält und zum Beispiel
ein Farbspiel oder Musikstück entsteht.

Wofür Kunst, wenn nicht, um zu lernen diesen
Zustand des Hindurchschauens, durch die nicht
vorhandene Gegenwart, die doch auch nur ein
Resultat vorangegangenen Denkens ist, aufrecht
zu erhalten.

Vergangenes, Zukünftiges und Jetztempfindung
bedingen einander und finden ein zu Hause in
der Kunst.

Momente entstehen im Leben, die das Leben
schreibt und die Dinge brauchen keinen Namen
mehr. Das Unbewusste, welches doch gerade
diese Momente entfacht, macht ein Formulieren
schon mal möglich. Wenn auch nicht immer in
Worten, so liegt es doch am Menschen sein Me-
dium zu suchen und zu finden, um dem schein-
bar Unerklärlichen, Unsichtbaren eine Gestalt
zu geben. Mit Belanglosigkeit ist es da nicht ge-
tan. Denn das Erscheinenlassen dieser Zwischen-
welten ist ein geistiger Wachstumsprozess, der

auch genährt werden will und bereichern kann.
Doch sind die Gedanken wirklich frei?
Unsere Geschichte hat uns ab dem 14. Jahrhundert besonders fest im Griff. Genialität in der Kunst, finstere Kriegszeiten, Europa erobert die Welt, eine neue Welt entsteht, die Twin Towers sind lange schon eingestürzt und nun ein Jahr 2000 soundso viel. Wie müssen wir doch aufpassen, eben diese Entwicklung nicht weiter zu nähren, die Geschichte zu beachten, in der wir Mensch geworden sind und andere Zwischenwelten der lebensfeindlichsten Art, nicht aus Gedankenlosigkeit und Flachköpfigkeit, ja Dummheit genau diesen unseren natürlichen Widersachern an Macht, Geld und Waffenhabenden zuzuarbeiten.

Das auch nur, weil wir Menschen uns immer zueinander spiegeln und Kontakt aufnehmen, schon den Kindern die Urgründe der Entstehung der Gesellschaft durch Entscheidungen zwischen Dürfen und Nichtdürfen auferlegen. Wie kann da ein Gedanke noch neu, frei sein?

Aufgabe der Kunst ist es mit Sicherheit auch diese Zeit mitzuzeichnen, das Widerstreben immer aufrechtzuerhalten gegen dieses vermeintlich Gute, das gar nicht immer gut ist, sondern nur eine für gültig erklärte und bevorzugte Auswahl geistiger Prozesse.

Und dann fehlen mir einfach wieder die Worte und ich löse alles in einem Spiel auf der Gitarre auf.

Die Blume der Hoffnung

Beraubt euch nicht der Hoffnung.

Unterscheidet Hoffnung und Lüge.

Meidet die, die falsche Hoffnung verbreiten.

Erstarrt nicht in Hoffnung.

Hofft auf das Gute.

Gebt Hoffnung.

Nehmt Hoffnung an.

Reicht euch diese friedliche Blume der Not.

Seid gut zu ihr.

Die Notblume ist so alt wie die Menschheit und
älter.

Als Wasser, Luft, Erde und alles aufeinander
trafen

und das Feuer sich in Glut wandelte,

entstand die Notblume.

Sie rollte getrieben vom Wind über die Erde

und wenn es regnete,

blieb sie liegen, um zu trinken.

So rollte sie, nachdem sie sich wieder geschlos-
sen hatte, weiter

über die ganze Erde, bis der erste Mensch sie
fand.

Dieser vererbte sie weiter, so dass sie
über alle Generationen
zu mir gelangte.
Jetzt vererbe ich sie Dir.

Als letztes stirbt die Hoffnung

Schneiderin

Die Abenddämmerung des lauen Sommertags
schickte ihre Spaziergänger pünktlich zur Fern-
sehzeit nach Hause.
Unpünktlich, wie ich bin, begleitete mich be-
reits der Mond durch die leeren Straßen.

In jenem Fenster, der von 60 Watt Glühbirnen
erleuchteten Änderungsschneiderei,
lag auf der Nähmaschine eine goldene Weste
unter heiß gelaufenem Schlitten.
Mit goldenem Faden in der Rechten,
saß vor der Maschine die alternde Schneiderin
im Erschöpfungsschlaf, den Kopf zurück im Na-
cken geknickt, das Gesicht so zur Decke wei-
send, mit weit aufklaffendem Mund.

Nach einer kleinen Ewigkeit
erhob sie schaukelnd ihren Kopf,
ahnte mich durch ihres Schlafes Nebelaugen
gestikulierend mit müder, unkontrollierter
Armbewegung.

Als ich den Kopf auf die Seite legte vor ihrem
Schaufenster die gefalteten Hände dafür wie ein
Kissen benutzend,
gab ich ihr mit sanfter Geste zu verstehen,
doch endlich schlafen zu gehen.

Ihre schläfrig nickende Zustimmung,
wünschte ich, würde reichen,
ihre erschöpfende Selbständigkeit
für erholsamen Schlaf zu unterbrechen.

Auszeit

Vor mir liegt der schwarze Trommelrevolver,
Kaliber vier Millimeter.
Mit kurzem Lauf,
handlicher Machart.
Den Stift der Trommel ziehe ich heraus,
und klappe die Trommel nach rechts auf,
sodass das kalte, schwarze Metall
auf der Daumenmaus geöffnet liegt.
Ich nehme ein paar Patronen,
stecke sie in die leeren Trommellöcher
und klappe sie mit einem einratschenden Ge-
räusch zu.
Den Stift der Trommel kontrolliere ich nach-
träglich.
Dann entsichere ich den Hahn und spanne den
Abzug.

Ich brauche endlich mal eine Auszeit!

Bombe der Reinheit

Bomben bringen bombige Stimmung.

Bombensicher erfüllen sie ihre Aufgabe.

Sauber wird gemacht mit sauberen Bomben.

Wenn saubere Bomben

schmutzige Bomben beseitigen

ist doch für alle gesorgt.

Vielleicht hilft es ja

Lasset uns ächten die Verachtung vor dem Leben,

Lasset uns ächten die Friedlosigkeit,

Lasset uns ächten das Schönreden von

Tretminen, Verfolgung, Totschlag und Krieg.

Lasset uns ächten die Pharisäer aller Sparten.

Vielleicht hilft es ja...

Dazwischen

Zwischen all den Menschenkriegen

und den mörderischen Siegen

von Wirtschaft, Religionen, Politik

wütet tödlich des Menschen Ungeschick.

Menschen bilden Lichterketten,

um sich vor Kriegen zu retten.

Menschen pflanzen Friedenseichen,

als Kampf gegen Kriegsleichen.

Menschen auf Demonstrationen,

wollen Menschen vor Krieg verschonen.

Stille Zwischenzeiten ohne Krieg sind bekannt,

werden im Allgemeinen auch Frieden genannt.

Geister

Lasset uns beten,
zum Machterhalt einen Gott malen.
Lasset uns glaubenglaubenglauben machen,
gnadenvoll verankert in der Unwissenheit
um Lebensqualität in Selbstverantwortung.

Wir werden das Schiff schon schaukeln...
Und jetzt:
Wegbeten!

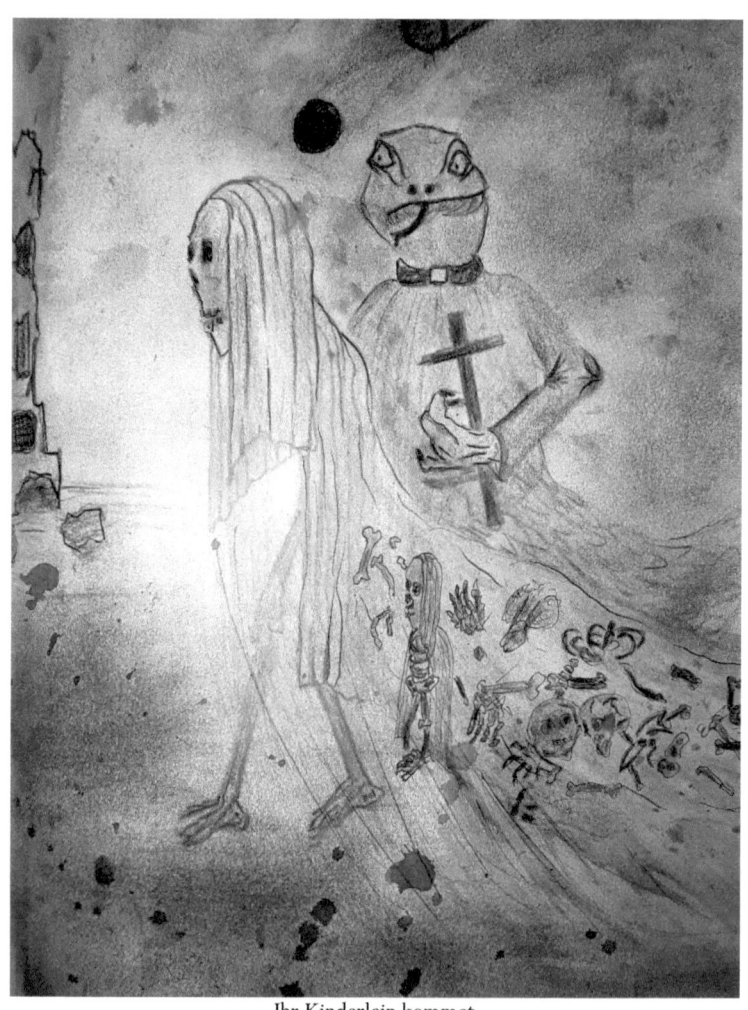

Ihr Kinderlein kommet

Deutsche Friedenseiche

Bei uns zu Landen pflanzt man gerne

Friedenseichen,

denn man glaubt, das würde dem Frieden

reichen.

Nach dem großen Sterben im Süden

pflanzten sie mahnend eine Friedenseiche.

Auch nach dem Massaker im Osten

pflanzten sie eifrig eine Friedenseiche.

Als dann die Waffen den Norden erlegten,

pflanzten sie schon wieder eine Friedenseiche.

Wird der Tod schließlich uns kriegerisch

erreichen,

wer pflanzt dann für uns diese Friedenseichen?

Pamphlet

Nichts ist so eklig wie die Herrscher heute,
diese morbide soziopathische Meute.
Sie finden es einzig richtig so zu sein,
diese Art von mordendem Charakterschwein,
welches Menschen mit Hunger erpresst,
sich bereichert und Paläste erbauen lässt.
Sie lassen Bomben bauen, erschießen,
hängen Menschen auf und genießen.
Sie finden es toll, so skrupellos zu sein,
so ein modernes mordendes Charakterschwein.

Heute weiß ich,
ekliger als stinkende Fleischabfälle,
als olle grün schimmelnde Wurstpelle,
Knaas in feuchten Ecken von altem Aas,
ist nicht halb so Ausschlag treibend,
so widerlich im Gedächtnis bleibend,
wie diese der Moral fernen Despoten,
Diktatoren, Präsidenten und Idioten.
Verachtende Folter und sexuellen Missbrauch
lieben viele dieser Majestäten auch.

Sie stehlen, entführen Frauen und Kinder,
sind Täter, Mörder nicht minder.
Sie sind stolz, schlimmer als Gift zu sein,
verleiben alles gierig, verschlingend in sich rein.
Mit Gesetzen und auf Bürger gerichtete Waffen
erziehen sie sich ihre huldigenden Affen.
Sie wollten ja schon immer so sein,
ein richtiges modernes Charakterschwein.

Heute weiß ich,
ekliger als stinkende Fleischabfälle,
als olle grün schimmelnde Wurstpelle,
Knaas in feuchten Ecken von Aas,
ist nicht halb so Erbrechen treibend,
so widerlich im Gedächtnis bleibend,
wie diese der Moral fernen Despoten, Diktato-
ren, Präsidenten und Idioten.

Die Letzten

Die Letzten sind immer allein,

die Letzten werden die Letzten sein.

Da sind die Letzten, die den Untergang doku-

mentieren,

bevor auch sie, wie alle anderen,

das Leben verlieren.

In ihren Schutzräumen vor Atom,

Tod und Kanonen

können sie noch ein paar Tage

in ihren Bunkern wohnen.

Kampfsau

Kühlschranksprüche

Die Kraft der menschlichen Idiotie beweist
ihre ungebrochene Macht gegenüber der Kraft
jeder menschlichen Vernunft.

Werden Soldaten zu Missionaren, nur weil man
den Bürgern erzählt, Soldaten wären in Mission?

Wenn von Spaltung die Rede ist
muss vorher etwas zusammen gewesen sein.

Provokation ohne Botschaft ist dummes Schie-
ßen aus sicherem Versteck.

Nicht vergessen, vom Problembewusstsein wie-
der zum Lebensbewusstsein zurückzukehren.

Neiders Missgunst fühlt es als großes Recht,
geht es anderen, genau wie ihnen, schlecht.

Jetzt reden wir seit mehr als 50 Jahren von Um-
weltschutz, und die Natur hält sich einfach nicht
daran.

Wenn Wald nur „nachwachsender Rohstoff" ist,
wie nennt man dann Machthaber?

Bei der kommenden Wahl, wähle ich die Natur
- die hat wenigstens keine bösen Absichten.

Halbbildung duldet keine Einzelheiten
und übersieht selbstzufrieden das Gesamte.

Vielen ist materieller Besitz wichtiger
als der eigenen Kinder Leben.

Nicht die Hilfebietenden gehören vor Gericht,
sondern die Auftraggeber, die die Welt haben
zerstören lassen.

Holz ist eine der natürlichen Lebensgrundlagen
der Welt und kein *erneuerbarer Rohstoff*.
Früher nannte man es Wald.

Pando, Amazonas, Südpol, Nordpol, die Meere,
Landschaften der Welt liegen im Sterben,
aber mit E-Roller.

Atomstrom ist nachhaltig wirksam.
Wenigstens 24000 Jahre.

Eingebildet und mehr als dumm,
glaubt der Mensch an eine Welt um sich herum.

Die Zusammenhangversteher stören nur
die gewünschten Politikabläufe.

Manches Mal ist die Schönheit der Natur mehr
Nahrung als ein Festmahl.

Es gibt keinen Weg zur Liebe, die Liebe ist
Weg.

Wir sterben nicht an unseren Gebrechen, son-
dern an unserem Schicksal.

In heutiger Zeit lebt der Mensch den Tod und
stirbt sein Leben.

Der Designer

In einem normalen Gelenkbus auf einen Blick
17 Verbots-, Gebots-, Hinweisschilder und an-
dere Hirnwegweiser.
Ich lege Buchstabe an Buchstabe an:
Gebote, Hinweise, Verbote die da in Bildern,
Zeichen und Symbolen, mit wenigen Worten
denken entüben.
In einem Zug sogar 27 Schildchen.
Wie sind Menschen doch sicherheitsbewusst und
so um der Nächsten Wohlergehen besorgt,
könnte man denken. Doch ein perfektes, kaum
wahrgenommenes, konsequentes Überwachsys-
tem manipuliert Körper und Geist einer ganzen
Gesellschaft.

Nicht mehr Auflösung in der Masse ist gefragt,
sondern direkte Plünderung von allem, was ge-
plündert werden kann.
Die beabsichtigte Absage an das Existenzrecht
des Einzelnen ist die Ansage zur bedingungslo-
sen Normierung des Bürgers.

Kriegsbereitschaft und Mordlust sind nur ein
Regierungsprogramm, genauso wie ständiges
Training zur bürgerlichen Vollentmündigung.
Alle Mittel der Medien, bis zur realen maschi-
nellen Hirnzerstörung bei Kindern, werden von
den Lobbyisten zur Verfügung gestellt und ge-
fördert.
Sinnlosigkeit ergänzt Überflüssiges,
steigert die Nutzlosigkeit,
erdenkt Lieder, die keiner hören will,
verschweigt nie Gesagtes.
Untote Wesen tippen auf Plastik herum,
sterben, wenn ihr Haltbarkeitsdatum überschrit-
ten ist.
Enthusiastische Langeweile quillt über.
Bilder, nie gesehen und schon vergessen,
passieren unsichtbar Revue.
Alles Fertige bleibt unvollendet.
Schlurfgeräusche von einem Warenstand zum
nächsten.
Auf sinnloser Suche nach Geist am Neuzeit-
Wühltisch gestrandet, verlieren sich Schlurfge-
räusche wieder im Dunkel.
Das alles, kurz bevor unsere Erde explodieren
wird.

Erschießen

Ich glaube, dass die Menschen über das Rasseln
hinwegkommen,
dann wird Spielzeug geschmissen und wegge-
nommen.
Da werden die Laufställe eingerissen und nie-
dergerannt,
dann wird unser Haus Erde restgeplündert und
verbrannt.
Da wird dann um Überleben gebangt und das zu
Recht.
Der anlaufende Krieg wird blutig, ganz real und
echt.
Schon jetzt übersteigen wir die Ressourcenkapa-
zität der Welt,
erleiden Politik, Religion, Waffenhandel, Wirt-
schaft und Geld.

Wäre ja vielleicht nett, das bei uns auf später zu
verschieben,
nichts dagegen zu leben, Frieden und so naives
Zeug zu lieben.

Denn ich muss sagen, ich bin feige, und es tät
mich verdrießen,
wenn irgendwelche Wahnsinnigen Dich oder
mich erschießen.
Seltsam,
wenn Menschen erschossen auf den Boden knallen,
behauptet man, sie seien gefallen.

Der Zeitgeist

Bildungsträger verheben sich

Gehen wir doch teutonisch mit der Welt um,
bringen wir Zivilisation ins Volk.
Genauso strebend wie der Geschichtslauf
ist Ziegelstein so heilig wie Smaragd.

Kulturen geschickt auf Din A4 gebracht
zeugen von einem unfähig erstarrten System,
welches sich nur durch neue Verordnungen be-
weisen kann.
Unter Missachtung des Erfahrungsschatzes einer
Welt
wird Ordnung geschaffen und Information
aus fremdländischer Wissenschaft,
Kultur, einfach lehrerhaft registriert.
So erfinden Bürostühle jeden Tag neue Kultur,
dezimierend vor lauter an sich reißender Kultur-
liebe,
und wenn geistige Verantwortung
gegenüber dem Fremdländischen gefragt ist,
verweigern sie sich.

Nie gespürte Sonne, nie geatmete Luft der Ferne,

nie geschmeckte Erde der weiten Welt,
sinnberaubt, geschmacklos gemacht in der Büro-
etage.

Anmerkung eines Entsetzten:
Macht man Wildschweine zu Gärtnern,
ist wenigstens gut gepflügt!

Deutsche Architektur

Was soll die ganze Poesie für eine einödige,
graue Stadt?
Was sollen wir uns dafür in geistige Höhen
schwingen?
Warum diesen Zweckbeton noch besingen?
Vielleicht wird bald ein Knast gebaut für Archi-
tekten,
die diese Bauten planten und verheckten.
Der kommende Krieg macht dann wieder alles
platt.
Deutsche Städte sind sich alle gleich,
lebendig und als Leich.
Falls die Erde danach noch lebende Menschen
hat,
kommen wieder Architekten aus den hintersten
Ecken,
die neue Scheußlichkeiten für neues Geld
aushecken.
An diesem neuen deutschen Architekten-Wesen,
soll dann schon wieder eine ganze Welt gene-
sen?

Gewalt

Ein Leben im fremden System aus fremden Köpfen. Gedankenwelten, die durch ständiges Weitermachen ohne weiterzudenken realisiert werden konnten, unter Mithilfe der Gewalt. Patriarchalisches Abtöten wird geübt und nur wenige wollen noch in die inneren Welten, die die Außenwelt verstehen helfen. Jedes Verständnis, auch das der Gewalt, verunsichert die Bürger. So werden Wege frei für die Verfolgung politischer, wirtschaftlicher, religiöser Nachteile für das Individuum. Die letzte Art der Gegenwehr ist die der Nicht-Gewalt. Mit dem Erkennen der Notwendigkeit der inneren Einheit, die die physisch-materielle mit sich zieht, kann dem entgegengewirkt werden.

Es gibt immer mehr Menschen, die spüren, dass die Zeit knapp ist den Lebensraum als Raum für Pflanze, Tier und Mensch, ja für alles Leben zu begreifen. Die Welt ist zu eng, zu verbraucht, zu geschändet, als dass Grenzkriege Vorteile bringen können. Nicht das Raubtier zu füttern gilt es, wenn der Mensch nicht selber größtes Hindernis für eine lebenswerte Zukunft bleiben will. Sich nicht dem großen Machtstreben kranker Herrschsüchtiger zu ergeben wird immer schwieriger. Der Mächtigen Manipulation darf nicht Gedanken lebens-bejahender Friedfertigkeit zerstören, wenn der Mensch sich der Erde zum Partner entwickeln will. Zu lange hat man die Erde zum Untertan gemacht. Sich freimachen, emanzipieren ist Befreiung aus der Falle der täglichen Missgunst aller Machtapparate. Eigene Entdeckungen werden möglich, lasse ich mich nicht auf diese kranken Gedankenwelten ein. Das Nichteinlassen bricht den Kontakt ab.

In Zeiten von unkontrollierbaren Kriegsmanövern, Morden, höchsten Formen des Menschenmissbrauchs in Familie, Kirche und Politik, gnadenloser Erdplünderung ist es nur Nebensache, ob die Opfer Ausländer, Ehepartner, Kinder, welchen Geschlechts, welcher Hautfarbe auch immer, oder sonst wer sind. Es macht kaum noch Sinn zu fragen, warum es so ist. Den Sinn des Friedens zu begreifen, nicht bei dem tödlichen Spiel mitzumachen, wird jede Sekunde wichtiger.

In einem Menschen ist viel Platz für Leben. Das tägliche Töten eskaliert weltweit und wird durch agitierende Maßnahmen vorangetrieben. Dieselben Profis bauen Folterwerkzeuge, Elektrische Stühle, nur um quälen und töten zu können in ihrem selbstgemachten Hass.

Der Feind ist kein Phantom, er ist der, der seine Brutalität, seinen Hass, seinen Neid, seine Unterstellungen, seinen Geiz, seinen kranken Schnittbogen einfach nur über Leichen gehend durchsetzen will.

Krieg und Frieden

Leichter Krieg

Überall schmeckt die Erde anders, die Sonne gibt die verschiedensten Varianten von Wärme, die Meere sind ruhig bis unvorstellbar tosend, Berge gibt es unzähliger Formen und Höhen, die Menschen auf der Welt, unterschiedlichster Farbe und Fähigkeiten, die Pflanzen aus der Tiefe der Erde bis in den Himmelhoch wachsend verteilen sich über unseren Planeten, die Tiere kriechend, schwimmend, laufend, fliegend, tauchend, bereichern die Welt, die Winde aller Art, sanft bis orkanisch, tropischer Regen, kalte Schauer im Herbst, all dieses und noch viel mehr, ist unterschiedlich, doch aus einem Guss.

Dem Guss des nicht Beabsichtigten.
Unsere Natur hat all das gestaltet.

Nicht dafür, dass wir unsere Erde ausplündern, uns arrogant über die Natur erheben, Tiere einpferchen und töten, die Sonne mit Kriegen um sinnlosen Reichtum verdunkeln, die Nahrungsmittel, das Wasser vergiften, verschimmeltes

Fleisch essen, um ganze Erdteile mit Atom, mit Giftmüll, Erdöl, Kriegsschrott, Massengräbern zu überdecken, sind wir. Nicht dafür, dass wir weltweit noch nicht einmal anderen Menschen ihre Art zu leben gönnen, dass wir selbst die Götter der Welt gegeneinander aufspielen, sind wir da. So erhebt sich die Menschheit wechselseitig zu jeder Anschuldigung und zu jeder Schweinerei bereit, auch mit einem Gott im Bunde.

Die Menschen haben den Geschmack der Erde verändert. Sie haben sie im Kampf um Macht und Reichtum ungenießbar gemacht. Was wir da den Kindern als Mutter Erde weitergeben ist bereits übelstes Erbe.

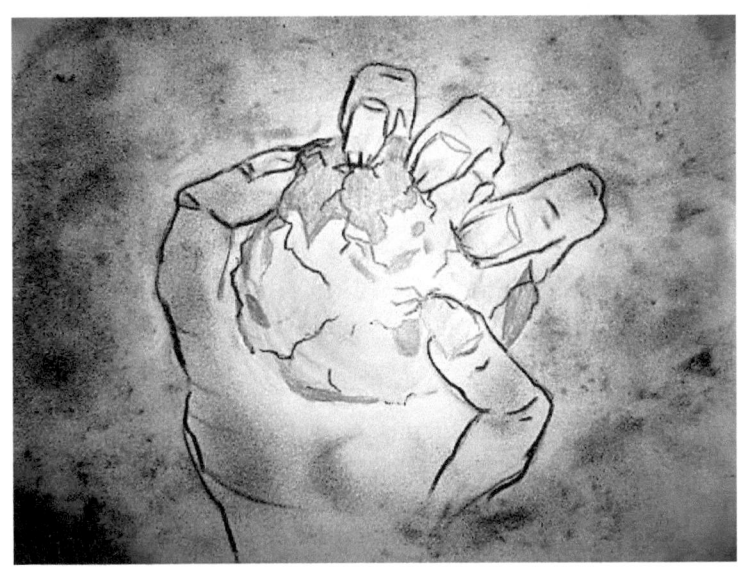

Staat

Die 10000 Jahre alte Kröte
pumpt geblähte, tönende Backen der Macht, at-
met schwer.
Unter ihr wird jeder Mensch klein, zum Zwerg.
Als alte Unke wissend den Inhalt eines jeden
Schattens, blubbern Geräusche aus ihrem trop-
fenden Zwietrachtmaul und über die liebende
Güte ihrer schleimigen Gnade begeistert, verur-
teilt sie blubbernd die Schlechtigkeit der Welt.
Einsam wacht sie über ein Vergehen, dass es so sei,
wie das hübsch gemalte Bild in ihrem kleinen
Kasten auf dem Hals.
Nicht einmal Spiegel könnten, kunstvoll für das
Auge aufgestellt, durchschauen, wessen Geist da
brodelt.
Wie leicht hätte es da doch der fahrige Wind!
Unter der 1000 Jahre alten Unke auf dem Berg
in ihrem Atempuls und brodelnden, sabbernden
Sein ist aller Staat klein, wie Elend in Sackleinen
unterworfen. Sie sitzt ihre Zeit strategisch ab,
Feistigkeit trainiert, bis alles verbraucht ist und
verfault, mundtot und erstickt.

Der fettfaltigen, wulstigen, beißenden Kröte aus
Schleim und Kot, ist wie düngender Moder zu
verwachsen in Köpfen,
die man Menschenkopf nennt, einziges Ziel.
Die Tagesmeinung für das Unbewusste
schreibt bald keiner mehr,
doch als Erstes stirbt, wer gar nichts hat,
bevor der Rest gierig, herrschsüchtig zerfallen
wird.
Dann, aus diesem Konglomerat,
entsteht wieder ein neuer Staat.

Machtstruktur

Wenn du dir auf die eine Backe beißt,
kaue einfach weiter.
Steig auf die Karriereleiter!
Wenn du dir auf die andere Backe beißt,
kaue einfach weiter.
Unempfindlich lebt sich's heiter.
Selbstzufrieden alles erreicht,
lebt sich heutiges Selbstwertgefühl leicht.
Alle Menschen sind gleich.
Sind sie alle gleich gemacht,
du mit Loch in Herz und Backe lachst.

Welt ohne Rückgrat

In ihrer Festung im Arm des Orion, mitten im Virgo-Laniakea-Haufen, weit über der Welt der Sterblichen, lebt die Welt ohne Rückgrat und ihr selbstgebrautes Schicksal.

Licht und farbgeschützt im diesigen Land der graubraunen Schatten, dringen keine Töne von außen durch schwere tote und lebende Körper.

Kleine Jungen in schwarzen und blauen Anzügen und Bibeln in Händchen mit sauberen Fingernägeln, stehen sektiererisch vorgeführt herum, grausam brav. Die kleinen Mädchen, weiße Kleidchen tragend, halten heilige Blumensträußchen in ihren Fingerchen, angestrengt niedlich wirkend. Alternativ beschürzte, von irgendetwas, irgendwem, emanzipierte Mütter liefern sich Kämpfe mit biologisch reinem Gebäck, Kuchen und politisch einwandfreiem Kaffee, mit keinen Widerspruch duldender Religiosität.

Zu Lava versteinert stehen, sitzen, knien sie zum Gebet, katholisch, morgens, mittags, abends, und vergessen das Zähneputzen nie. Die Kinder wissen um den Ernst des Lebens und spielen lustig, was sie spielen sollen.

Die Welt ohne Rückgrat weiß schon, dass der Teufel den PC erfand, um unschuldige Kinder zu verführen. Sie fühlt mit Gott im Einklang im hehren Kampf um eine reine Welt. Das alte Schwert Gabriels ist nur Zahnstocher ihrer Reinheit und vertreibt Eindringlinge.

Sie flüstern Pferden etwas zu und werfen das Brot achtlos zum Frühstück hin.

Wachend, den schweren Kopf zwischen den Sternen, bebt der Weltkörper.

Der Stuhl in den Sternen ächzt vor Anstrengung, die Welt ohne Rückgrat hütet das Geheimnis.

Als die Welt ohne Rückgrat so tat, als könne sie lieben, verschwanden auch die letzten Zweifel an ihrer selbstlosen Liebesfähigkeit zu Pflanze, Tier, Mensch und Kosmos.

Bei der Welt ohne Rückgrat hat die Zukunft es bereits hinter sich, und wirkt fettig ein, als gäbe es eine Gegenwart aus einer Vergangenheit. Funktionierende Muster helfen fettbetäubende Speisen zu geschmeidig-verschlingbaren Ritualen werden zu lassen, und für Sinn zu halten. So verzaubert hockt das Leid da, der Bewegung unfähig und abgenagt jedes kleinste Stückchen Freiheitsgefühl mit essigtriefenden Mundwinkeln.

Im Land der graubraunen Schatten entfliehen die Eindrücke und werden zu tropfenden Seelen, die sich in nasser Nebelwasserluft auflösen und zu kalten Schatten ihrer Selbst werden.

Es gibt nichts Gutes an dem Universum, weiß der Planet nach langen Jahren im Schattenreich, geschützt vor Mächten der ins Licht bringenden Sonnen.

Die Welt ohne Rückgrat weiß um die Mächte des Bösen und verbündet sich aus eigener Schwere mit Don Quijotes Rittermut. Die Finsternis verdorbener Orte, in denen kein Mensch mehr ist als ein gesteuerter Chip im System, die fühlt die Welt schon lange nicht mehr, während der Sternenstuhl unter dem kranken Planeten ächzt.

Wildwechsel

Aufklärer

Die Herausforderung in diesen Zeiten der Krise, die uns alle betrifft, ist eine Bumpy Road. Der Bürger muss das begreifen und darf keine zu hohen Erwartungen haben. Wir können nicht einfach die Gießkanne hervor holen und verteilen, ohne Forderungen aufzustellen. Wir haben noch viele Kühe über das Eis zu ziehen, bevor sie in trockene Tücher gelegt werden können. Bei allen geschnürten Paketen können wir nicht noch mehr Eier in den Korb legen, bevor wir nicht Nägel mit Köpfen gemacht haben. So bauen wir Druck in den Kesseln auf, um damit endlich Zeichen zu setzen. Erst dann können wir den Tanker umschwenken und Flagge zeigen und uns weiterhin politisch und wirtschaftlich den Ball zuspielen. Das müssen wir dem einfachen Bürger verständlich machen. Erst dann werden wir diese Herausforderung meistern.

Verdrehung

Es ist nicht nur die Politikverdrossenheit, wie es
gerne unterstellt wird,
von Machtausübenden in den abgrenzenden Pal-
ästen der Demokratievermeidung.

Nein, es ist die Verdrossenheit gegenüber dem
Betrogen-, Belogen- und Ausgenutzt-Werden
von den Menschen, die eigentlich Politik ma-
chen sollten,
also das Gemeinwesen regeln und schützen sollten,
den Bürger im Bürgersein unterstützen,
zum Wohle eines demokratischen menschen-
würdigen Miteinanders.

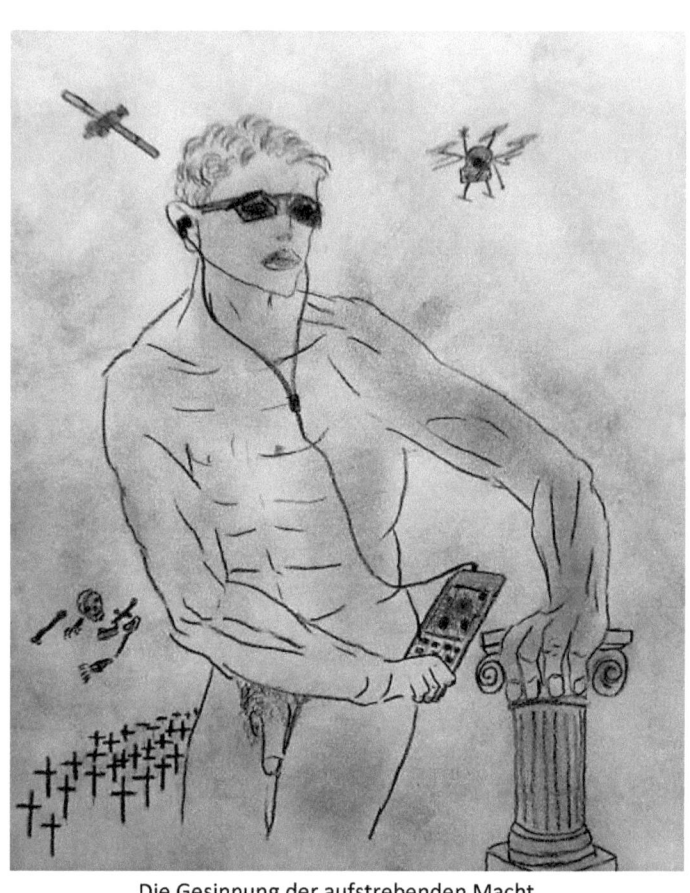

Die Gesinnung der aufstrebenden Macht

Wir sind geschafft

Wir machen dies,

wir machen das.

Der Bürger, auf allen Plakaten genannt „Du",

beugt sich den Präsidenten zu.

So wird's verlangt und diese Majestäten

soll jeder anbeten.

Wir schaffen dies,

wir schaffen das.

Wer weiß überhaupt was?

Wir predigen bürgerlichen Verzicht,

wir retten euch, ob ihr wollt oder nicht.

Wir wollen Frieden schaffen,

mit neuen Wunderwaffen,

betreiben Tierschutz für Affen.

Wir sind teuer, dirigieren weiter,

unsere Diäten stimmen uns heiter.

Wir sehen euer Elend zudem an,

passen es den modernen Zeiten an.

Alle Menschen sind hier gleich,

und noch gleicher, ist er reich.

Illusionisten sind wir

Die letzten Illusionisten sind wir

Der inneren Gesang Komposition
als innere Wirklichkeit gespielt und geschrieben,
wird hörbare Wirklichkeit aus der Innenwelt.

Die letzten Illusionisten sind wir.

Von Worten still
erzählt der Wind.

Rein das Wasser,
zu finden darin
nur der Mond.

Charon

Sternenklar

Früher erzählte man den Kindern,
dass jeder Sterbende auf der Erde
nach seinem Tod
in den wolkenlosen Nächten
als Stern am Himmel
die Nacht erhellen würde.
Auf diese Weise würden
die Tiere der Nacht
und die Menschen
in der Dunkelheit ihren Weg finden.

Später, da merkten die Großen,
dass diese Geschichte
nur eine Erfindung war,
und dass jeder nach seinem Tod
einfach begraben wurde,
und die Sterne wie eh und je
die Nacht erhellen.
Und dass in sternenklaren Nächten
die Tiere der Nacht
und die Menschen
wie eh und je ihren Weg finden.

Zuletzt dann erinnerten sich die Alten,
dass diese Geschichte doch sehr schön war
und wie schön es doch wäre,
nach dem Tod
in den wolkenlosen Nächten
als Stern am Himmel
wenigstens einmal ein bisschen zu funkeln.

Es wäre doch schön
für die Tiere der Nacht
und die Menschen,
wenn sie auch ihren Weg
in der Dunkelheit fänden.

Schwarze Schafe

Schwarze Schafe sind so schwarz, dass jeder, der versucht sie zu greifen, ins Leere greift.

Sie werden ins Leben geworfen, aus Trotteligkeit, aus dumpfer geiler Lust von Mann und Frau, erwachsen als verwünschte Nebenwirkung.

Solch einschneidendes Ereignis ist lästiges Beiwerk für Familie und Macher.

Was soll das, ein Wesen mit jedem Abbruch zu Tümern, denn alle Tümer brauchen ihre Opfer, verlieren ihre Existenz, wenn nichts da ist, was es zu bekämpfen gilt.

Schwarze Schafe werden exorziert oder der gesellschaftlichen Inquisition zugeführt.

Die Menschen brauchen aber höheres zur Rechtfertigung, Schwarze Schafe zu vernichten, zu opfern, bluten zu lassen, wie es Brauch der Tümer ist.

Angepasste Schwarze Schafe gelten als geläutert, bekehrt, unangepasste werden auf die konventionelle Schlachtbank geführt. Ohne diese

Komponente, hätten die Tümer keine Grund-
lage, also wird sie geschaffen.

Wächst ein überlebenswilliges Schaf über die
vorgegebenen Verhältnisse hinaus, gilt es als un-
gerecht, widerlich, abstoßend, nicht wert zu at-
men und wird vogelfrei, zum Abschuss für alle
Gutmeiner freigegeben. Sie werden als gierig,
materialsüchtig, falsch und verlogen bezeichnet,
genauso wie sie für die perversen Machtgelüste
der Normalität herhalten müssen.
Belesene Schwarze Schafe mit Kenntnissen von
Sprache, Wissenschaft, Kunst, Philosophie
etc. werden gefürchtet. Die Normalität hat
Angst vor Geistanwendung.

Schwarze Schafe können alle Bräuche, sich
selbst, die Gesellschaft, die Familie, das Hinter-
fragte, selbst das Hinterfragen infrage stellen.
Sie sind kompromisslos, aber kompromissbereit,
sie wollen den Atem der Welt kennen lernen,
nur um zu lernen.
Sie haben kein Auto, kein Haus, keinen Fernse-
her, besitzen kein Dach über dem Kopf,

nicht den Atem, den sie atmen, keine Familie oder sonst etwas, was sie als ihr Eigentum betrachten. Trotzdem fahren, wohnen, schauen sie fern, leben sie mit dem Bewusstsein, dass nichts ihnen gehört, nicht einmal das Leben.

Die Macht der Schwarzen Schafe ist es schwarz zu bleiben, schwarz wie die Nacht, mit den Sternen zu atmen, lieben zu üben, leben zu lernen, lernen zu leben.

Solch Gelüste haben sie, weil sie gelernt haben, die abgeschnittenen, abgehackten, zerstörten, entwässerten Wurzeln als Beine zu nutzen und die Wurzellosigkeit als Chance zu tiefem Sinn zu erleben. Ein Schwarzes Schaf ist erst zufrieden, wenn der Frieden den Krieg besiegt hat.

Dafür brechen sie sogar mit Familie, Staaten, Ritualen, betrachten sie sogar als schlechte Gewohnheiten, die die Entwicklung des Herzens behindern. Sie wissen um ihre menschliche Begrenztheit, und dass jede Entscheidung eine Lebensentscheidung darstellt.

Wir sitzen alle in einem Boot

Einigkeit? Berlin?

Das war da,
wo die Menschen aus den Fenstern stürzten.
Die wurden danach zugemauert, die Fenster.
Was mit den Menschen geschah,
wussten die Kränze
vor den Häusern
mit den zugemauerten
Türen und Fenstern.
Da hat sich keiner hin getraut,
auf diese Straßenseite.
Wegen der Soldaten,
die dann schießen würden.
Soldaten sieht man nicht.
Die schießen aus Verstecken
irgendwo an der Mauer,
hieß es.
Da wo die Mauer
einfach so
über der Straße entstand,
war die eisige schwarze Ruhe,
die Kindern Angst machte.
Wo sich die Erwachsenen nicht

auf die Straße trauten,
die Kinder zum Einkaufen liefen,
weil…
die schießen nicht auf Kinder.
Dann ging Vater los im Dunkeln,
am Abend sei es besser,
holte noch Schwester und Bruder.

Klingt ja alles sehr christlich,
und man könnte an Einigkeit denken,
wie ein Symbol für den Westen,
aber… wohin geholt?

Später wurde die Mauer abgerissen,
von Händen die Freiheit wollten.
Einfach gefallen ist die Mauer nie.

Nix

Oh — du Leben,
gewählt spontan,
beflissen angelehnt
an hohle Leere,
von niemandem verlangt,
abgegeben an professionell
versierte Bieger.

Sinnloses Unterfangen,
herrliche Gleichgültigkeiten,
so belanglos schön,
wunderbar geistlos
und überflüssig.
Nutzlose Erkenntnisse,
Luftblase in Luftblase,
zum Platzen zu wenig,
gepaart mit der Strömung der Zeit,
äthern über Plasma in Hirne,
verfurzte Sofas vergasen,
alles wie immer,
man gönnt sich ja sonst nix!

Familienleben

Tfnukuz oder:
Welche Gegenwart?

Retten Planeten diesem auf
Leben aller unser wir wollten,
zurückdrehen wir müssten Zeit die.

Eid Tiez netssüm riw neherdkcüruz,
netllow riw resnu rella Nebel
fua meseid netenalp netter.

Netter netalb meseid fua
Nebel rella resnu riw netllow
Neherdkczüruz riw netssüm Tiez eid.

Die Zeit müssten wir zurückdrehen,
wollten wir unser aller Leben
auf diesem Planeten retten.

Rettung wo?

Fachprimaten

Knackendes Gehölz im Untergrund,
durch trüber Gedanken Ungeschick gebrochen,
gar diesige Bilder wirren Geistes
irritieren subtil das nebulös dampfende Hirn.
Die elektronischen Windungen in Falten,
unfähiger, kleinen Kastens birniger Ballast
den Weg kaum noch schafft.
Knarrendes Käfiggatter kontrollierter Primaten
leitet der domestizierten Gene Untergang.
Giftige Strahlen im Tausch gegen Leben
lassen Gene einfach so mutieren.

Freibrief

Er handelte wie ein Händler,
denn er hatte freie Hand
so zu handeln.
Kurzerhand nahm er alles in die Hand.
Alle Mittel waren vorhanden,
waren nicht von der Hand zu weisen.
Allerhand handeigene Handelsmittel
konnten eingehandelt werden.
Seine rechte Hand half bei dem Händeln.
Er übernahm händeweise Aufgaben,
mit denen er nicht hätte handeln müssen.
Um eine Handbreite
wäre alles Einzuhandelnde
nicht in seine Hände geraten.
Für das Handgemeine sollte es zum Handeln rei-
chen,
das Handgeld sofort
in seine greifenden Hände fließen zu lassen.
Seine Handlanger sind alle handfest Zusammen-
handelnde,
notfalls mit handgemeinen Mitteln die vorherr-
schenden Hände zu bleiben.

So bleiben anders Handelnde geschickt hand-
lungsunfähig gehalten und
der freie Händler hat
handliche Handhabe.

Fukushima

In Fukushima gab es einen Friedhof.
Nicht in seinem Heimatboden
wolle er bestattet werden,
sondern im weiten Meer
war sein Wunsch
vor dem letzten Atemzug.

Ein Jahr war vergangen,
nachdem man ihn begraben hatte.
Da verschoben sich die Erdschollen
gegeneinander zerberstend,
strenge Winde kamen auf
und das Meer erhob sich.
Ein ertränkender, überrollender Tsunami
nahm menschliches Glück und Leid zugleich.

In Fukushima gab es keinen Friedhof mehr.
Nicht im Heimatboden
wolle er bestattet werden,
sondern im weiten Meer,
war sein Wunsch,
der nun erfüllt.

Futtern wie bei Muttern

Der heilige Hammer sei vegan,

sagte der Sittich zu dem Hahn.

Bio sei echt gesund,

erwiderte daraufhin der Hund.

Multivitamin unter agiler Tatze

sei noch gesünder, meinte die Katze.

Heilwasser gäbe täglich es frisch,

blubberte selbst der Fisch.

Nur den menschlichen Tieren

kann man allen Dreck servieren,

weiß die Futtermittelindustrie.

Was ist der Mensch doch für ein blödes Vieh!

Der Biogärtner

Geld regiert die Welt

Oh Lotterie, Hostie des Glaubens,

oh Geldautomat, Altar der Pleite,

Kraft der Arbeit geopfert für die Götter,

heilige Priesterschaft des Hades,

Anbetung des Geldes in kniender Ehrfurcht,

Verführer zur widerlichen Habsucht,

Gewaltgesetze für das Recht auf sinnlosen Besitz,

geheiligter Selbstzweck,

Geld aus Geld, Schuld in Schuld,

Zins auf Leben und Tod des König Krösus

Beute,

Vernichter des Austauschs von Mensch zu

Mensch,

Glauben sollst du der Lobby, nichts wissen von

Freiheit.

Über die Institute der Verführung

Alle Unzufriedenheit mit sich, mit der Welt, mit der Gesellschaft, der Arbeit und der großen Angst in eigener Reflektion sich selbst nicht zu glauben, veranlasst oft genug zu dem Versuch, das vermeintlich einfachere Positive zu wählen. Dafür stehen zahlreiche Institutionen aller Farbabstufungen zur Wahl.

Dem neu geborgenen Religiösen, der die Bekenntnis seiner Religion wechselt, geht es weniger um Wahrheit, als um Heilung, Geborgenheit, Schutz, ja vor allem darum, einen Platz neben seinem Gott, den Platz an der Sonne zu sichern, im Himmelreich seinen Lohn zu bekommen.

Dafür steht er im Auftrag seines Gottes, seiner Institution mit allen konfessionellen Zumutungen, welche für sich schon eine lange Geschichte des Lebensmissbrauchs darstellen. Er handelt in diesem Kampf gegen alle, die anders sind, im göttlichen Auftrag zedierend. Mit Autorität, hohem gestischen, verbalen Gewaltpotenzial tritt er in seinen Auftrag. Er meint sich als Aufklärer alles Falschen, also allem, was nicht unter der Regel seines göttlichen Auftrages steht. Da alles richtig ist, was er zu zedieren hat, bleibt er in dem Glauben, er würde dem Falschen widerstehen. Diese Strömung ist die des Faschismus. Die Sprache wird zum Missbrauchsgut für die menschliche Ideologie der Entmenschlichung.

Durch das Verhalten, als ob der Institutionalisierte etwas hätte, was andere nicht haben, ist jeder Andersdenkende von vornherein nicht berechtigt, kritischen Geist zu äußern. Also wird so geredet, als wenn es etwas gäbe, was er hätte und Außenstehende nicht. Der institutionell Geborgene wird glaubensgestützt seinen anti-intellektuellen Kurs intellektuell anbiedern. Mit vermeintlichen Fakten wird er sein Denken gegen das Denken einsetzen. Daraus folgend ist die dezimierte, mechanische Sprache zur Obersprache evolutioniert.

Unter Glanz und Ritualen, unter Nutzung des agitativen Missbrauchs des Wortes, soll alles andere verschwinden, nichtig werden. Die selbsternannte Elite der Halbbildung hat auch heute wieder bereits tiefe Wunden in unser kulturelles Sprach- und Gedankengut gebracht.

Die Selbstgefälligkeit der siegreichen Vollbeschäftigung im höheren Auftrag wird auf Widerruf abgegeben. Solange der Teilnehmer seine Tautologie lebt, denken durch denken zu bekämpfen, seinen doppelten Sinn lebt, wird diese Irrationalität erhalten und gefördert. In der Ideologie der Entmenschlichung führt der so Lebende die „falsche Menschheit" zum Ausverkauf des Geistes. Menschliche Gleichheit ist zur Gleichmacherei unter der Macht mutiert.

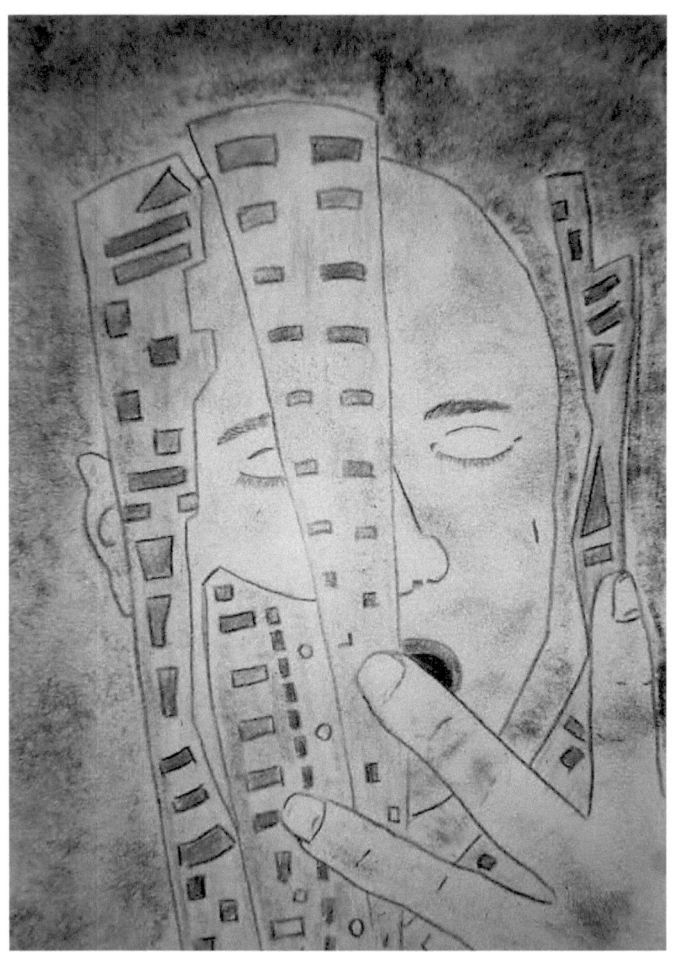

Umweltschutz

In den Siebzigern ausgelacht,

in den Achtzigern ignoriert,

in den Neunzigern der Lüge bezichtigt,

in den ersten Zweitausendern ausgegrenzt,

in den laufenden Zwanzigern diffamiert,

in den Dreißigern kriminalisiert.

Was für eine Geschichte.

In den Vierzigern…

Schulgeometrie

So bei quasi einem irgendwie rechtwinkligen

Dreieck oder so heißt die Seite, die Quasi-Ge-

genseite des irgendwie rechten Winkels im

Dreieck, Hypotenuse oder so irgendwie.

Dann legt man irgendwie einen Winkel oder so,

quasi fest, dann heißt die gegenüberliegende

Seite auf einmal irgendwie Gegenkathete.

Die Kathete, die da irgendwie dran liegt,

heißt auf einmal irgendwie Ankathete.

Hypotenuse ist quasi irgendwie ein echt absoluter

Begriff oder so, und die Gegenkathete soll da

irgendwie genau relativ sein, weil man sich ir-

gendwie die Winkel aussuchen kann oder so.

Winkel und Bedeutung

Sprechen wir über Winkel jeglicher Gestalt und Art, bleibt uns der bekannte rechte Winkel nicht erspart.

Rechte Winkel in der Architektur leidlich nützen, weil sie statisch viele Konstruktionen unterstützen.

Rechte Winkel weiß Steiners Verein stets zu verpönen, sich mit allen anderen Winkeln jedoch zu versöhnen.

Jene Kneipe mit den seltsamen Kreuzen an der Wand, wird von vielen Menschen ‚Rechter Winkel‘ genannt.

Rechte Winkel gehören heute weltweit unumwunden der Politik und scheißenden, pissenden Hunden.

Oh Rechter Winkel, nie geliebt, verachtet und verkannt! Niemand hat dich je ‚liebster, geschätzter Winkel‘ genannt.

Der gute Bürger (gesetzlich geschützt)

Widerstand gegen Krieg,
gegen das große Morden,
Widerstand für Frieden,
für das große Leben,
weiter für gesunde Atemluft
auch für gutes Essen nicht zu vergessen.

Ich bewege mich im Untergrund.
Ich bin der, der nach Feierabend zu Hause
bleibt,
artig Petitionen unterschreibt,
der heimlich für den Frieden liked,
der erlaubte Demos besucht,
der nicht über Gängelung flucht.

Widerstand gegen grüne Atomkraft.
Widerstand für humanistische Bildung,
für das große Denken,
für die Abschaffung aller Majestäten,
für das richtige Getränk zur Feier,
immer dieselbe Leier.

Ich bewege mich im Untergrund.
Bin der, der nach Feierabend zu Hause bleibt,
artig Petitionen unterschreibt,
der heimlich für den Frieden liked,
der erlaubte Demos besucht
und niemals über Gängelung flucht.

Verdummungsmahnmal

Warnung an alle Überleben-Wollenden

Sei für Umweltschutz, für Klimarettung, gegen
Kindesmissbrauch, sei sogar gegen Krieg, er-
wehre dich der Nahrungsvergiftung,
atme das, was noch da ist, ein.
Doch sei gewarnt:
Greife nicht ihre Paläste an, die Konzerne, Ban-
ken, die Flughäfen, die Waffenindustrie, die ge-
sicherten Trutzburgen der Habsüchtigen, die
Tempel der unfehlbaren Mächte.
Besuche die angemeldeten und erlaubten De-
monstrationen, sage, was die Gleichmacherei
einfordert, um dich nicht kriminalisieren, aus-
grenzen, indoktrinieren zu lassen von denen, die
dir sagen, wie du zu sein hast hier.
Ein unausgefülltes Leben, ohne die Gefahr von
Konsequenzen, lässt sich vollziehen unter dem
binären Code deiner Zulassung als problemloses
Weichziel des Alltäglichen.
Halte diese Regeln ein und ihre Missbilligung
wird an dir vorübergehen.

Gültigkeit

In Paragraphensteine gehauene, erhobene Zeige-
finger
bohren sich in den Anus des Himmels.

Zu mächtigen Rocksymphonien tanzen die
Steine,
nur der Hund bellt.

Worte werden durchgekaut,
zerkleinert,
wieder ausgespuckt.

Beton ist lebhafter Teil des Denkens.

Holz trifft Geist,
Kohle brennt durch,
die Festplatte stürzt ab.

Endlich Urlaub!

Sieger

Sobald Feindschaft der
Freundlichkeit unterliegt,
ist das ein großer Sieg.
Da wo der Krieg dem
Frieden unterliegt
ist ein großer Sieg.
Dort wo der Tod dem
Leben unterliegt,
ist ein großer Sieg.
Wenn wir einzeln
und doch Geschwister sind,
wenn wir lieben ohne Vorbehalt,
wenn die Erde so
unser aller Heimat wird,
nur dann
möchte ich auch
zu den Siegern gehören.

Die Heimat zu verlassen
führt in die Fremde.
Kommt der aus der Fremde
in die Heimat zurück,

wird ihm die Heimat fremd.
Ist die Fremde heimisch,
heißt die Heimat einfach Erde.

Gedanken

Tausend kleine Gedanken
wie flatternde Kolibriflügel.
Manchmal muss ich
einfach über euch lachen.

Gefühl

Eindrücke können die Kraft haben
nicht formulierbar und intensiv zugleich zu wirken.
Nicht-Worte ruhen sich schweigend aus.
Nichts was sich verändert,
nichts was bleibt wie es war.

Soweit und nah

Musik ist eine Erweiterung soweit der Ton reicht.

Der Ton findet seine größte Entfaltung im Illusio-
nistischen.

Musik malt ihre eigenen Bilder im tief Verborgenen.

Musik bietet einen Zugang direkt in den Lebenspuls.

Dunkelheit ist nur eine vorbeiwehende Symphonie.

Musik und Leben sind nur ein kurzer empfindsamer
Hauch.

Licht ist der Schatten, Musik ist die Stille.

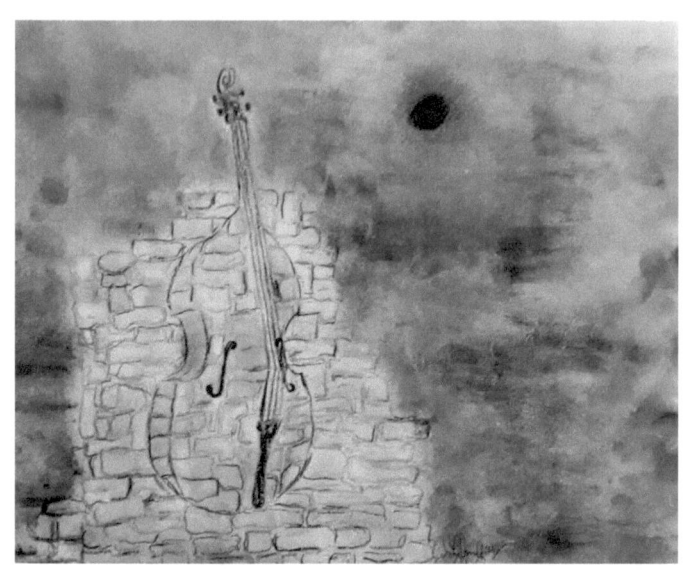

Phantasie

Vorstellung malt die Bilder.

Das Hineinfühlen

lässt diese Gestalt annehmen.

Die Phantasie ist das Vorzimmer des Geistes.

Herz

Mein kühles Herz birgt

das loderndste Feuer in sich.

Es kann weiß werden

wie die Sonne,

es kann küssen

wie der Lichtstrahl

die Knospe,

es kann streicheln

wie das Entfalten

eines Rosenblattes,

es kann singen

wie die Hitze in

brennender Wüste.

Mein kühles Herz,

verbrenne nicht!

Mein Herz

Verletze mich nicht,

sonst verletze ich dich,

sagte das Herz.

Könnte ich doch immer

die Sprache des Herzens

verstehen.

Bei aller Stärke

bin ich schwach.

Bei aller Schwäche

bin ich stark.

Aufmerksam muss ich

die Waage bewachen.

Herz

Ganz tief in meinem Herzen

bin ich angesprochen

von der Stimme,

die da von innen

leise, ganz leise,

zu hören ist.

Unter all der

Jahrzehnte alten Kruste,

spricht sie einfach weiter,

gibt nie auf,

unaufhörlich,

jederzeit zum Gespräch bereit.

Etwas Persönliches

Sich zu entfalten, der Tee beschloss,

das Wasser sich ihm erwärmte, ihn begoss.

Oh, wie schön kann es gehen,

wenn die Dinge einfach geschehen.

Die Sonne sich wagt aufzusteigen

um alles in hellem Lichte zu zeigen.

Keinen interessiert es, was ich so denke,

doch dies sind meine schönsten Lebensge-

schenke.

Schimpfend meint ihr, der ist am Spinnen,

so kann man dem Leben doch nichts abgewinnen.

Nennt mich weiter blöde, bescheuert und ver-

dreht,

ich lebe so, auch wenn ihr es nicht versteht.

Was wäre wenn?

Wäre Beton durchlässig und wie Licht,
gäbe es Unfall- und Beulengefahr.
Aus 30 Etagen hohen Hallen
würden alle auf den Boden fallen.

Über die glatten Bauten reist
ein lichter, vernebelter Geist,
der über der Sparkasse kreist.
Ich sage euch, Bürger von Schilda
die Zeiten werden immer wilda.
Vom Beton schon ganz lalla,
kommen viele ins Walhalla.

Ein Sprech sich erhob
und den Geist von hinnen trug.

Oh, untragbarer Pseudogeist,
packe dein Licht ein und gehe hin.
Vergiss nicht, dass die Zeit ihre
Zeit in der Zeit hat.

Also halte sie gut fest,
genauso wie das Universum
und den ganzen Rest.

Ob die Lösung nicht doch 81 ist,
werden wir nie erfahren.

Mädchen

Von des Regenbogen höchster Stelle,

den Fächer in der Hand,

wehtest du den Wind

in einen Topf voll Katzengold,

welches staubig aufwirbelte.

Der Regen übernahm das Ruder

und du verlorst den Halt

auf den verschwindenden Farben.

Zeit

Wie millionenfache, kalt blaue, spiegelsilbrig

glänzende Pailletten in Eis

flimmert es im weiß gefärbten Gras.

Mein Schritt hinterlässt seine eisige Spur

und hunderte Blätter fallen stetig von Ast zu Ast,

so als ob sie versuchten

noch ein letztes Mal Halt zu kriegen.

Die Zeit wird zwischen den Ästen und Zweigen

als klarer Himmel in der Sonne sichtbar.

Meiner Schritte kalte Spur zerschmilzt im Schnee.

Oase

Gefallene braune Blätter des Baumes

brechen unter meinen Füßen.

Der letzte wärmende Sonnenstrahl

kitzelt noch einmal nach.

Grabesstille umschließt das abkühlende Herz.

Die Erinnerung erweckt eine alte Geschichte.

So zusammengehörig ist die Welt.

Dimensionen

Kunst ist ganzheitlicher Einsatz

der kreativen Möglichkeiten

in der Mehrdimensionalität.

Kunst erleben, Ton, Farbe, Tanz, Wort birgt
die tägliche Welt des Lebens, lässt das Herz
schlagen, bringt Blut in die Adern, Atem in die
Gesamtheit, lässt alles wachsen,
was nicht zu kaufen ist.

Inhalt

Begleitend zum Geschriebenen 28 Karikaturen, Zeichnungen, Bilder.

Zum Autoren

Dirk Otto Lehmann, geboren 1956, wechselte nach Ausbildungen im Gesundheitswesen, als Kaufmann und Fertigungsdreher in den Beruf des Lehrers in weichen Daoistischen Gongfustilen. Sein Wissen darüber bis zur Verleihung des 6. Meistergrades erarbeitete er sich in bei der Liu Feng Chun Schule in Zhuo Zhou und Sun Stil Schule in Beijing. Dazu hat er immer weiter kreative Projekte entwickelt oder an solchen teilgenommen. In den siebziger Jahren lernte er in seiner Jugend an der Kleinkunstbühne Danny's Pan die damals beginnende Liedermacherszene kennen, da sein Vater dort Ausstellungen junger Künstler organisierte. Zur dieser Zeit begann er auch in einer Deutschrockband als Perkussionist zu spielen. Mitte der 80er hat er die ersten Konzerte mit dem Gitarrenduo Koch/Lehmann gespielt , u.a. im Senftöpfchen (Köln), der Liederkiste (Solingen) und Jungen Aktionsbühne (Düsseldorf). Seinen Einblick in Tontechnik erweiterte er durch Arbeiten beim Jugendtheater, dem Tanztheater Wuppertal sowie bei Spielfilmbearbeiten in Köln. Mit weiterer Entwicklung hat er mehrere kleine Radiohörspiele geschrieben (WDR), Kabarettarbeiten (Stadthalle, kreative Bühnen), Filmmusiken (Liebe ist nicht genug), Kurzfilmarbeiten (Frauenmuseum Köln) und an vielem mehr mitgewirkt. Der Malerei schon immer angetan, hat er im Laufe der Jahrzehnte regelmäßig seine Bilder in Galerien gezeigt wie Tokyo Chaos (Düsseldorf), Backstubengalerie (Wuppertal) und weiteren Städten im Umkreis. In zwei Gedicht-Anthologien erschien eine kleine Auswahl seiner Gedichte. Zwei seiner Bücher über Weiches Gongfu sind im Handel erhältlich. Lesungen über Kulturthemen in Stadtbüchereien, für Kulturstätten wie Heinrich Heine Institut (Düsseldorf), Haus der Japanischen Kultur sowie in verschiedenen Museen hat er immer wieder gerne gegeben.

Dirk Lehmann lebt in Wuppertal, wo er sich weiter mit den Künsten befasst.